當平凡走到了日常

Lucky LuLu 著

序

在平凡之中變成了大人

我戀舊到有點瘋狂的程度，我經常在想，如果能讓我回到過去一次，那麼明天就死掉也沒關係。但這一點也不現實，所以我活得好好的。

那時候喜歡聽的音樂，成為了我人生中最喜歡的音樂，再也沒有被超越；那時候感受到的事，構成了我的性格、想法、價值觀，越來越清晰，越來越明確；那時候遇到的人，是我永遠的遺憾。我再也不會遇到這麼重要的人、再也回不去那麼善感的自己。

漂亮的回憶，就算過去了三年、五年、十年，還是每天都會在我腦海中上演。而且是深刻又細節的那種，每一句對話、眼裡的風景、你的表情，一幕幕地播放，不管我願不願意，那些回憶一直伴著我、絆著我。然後我不斷地去到更遠的未來，帶著無數的過錯和惋惜，從少年變成了大人。

因為有寫日記的習慣，所以我記得過去幾年經歷的每一種幸福和悲傷的形狀，我把這些形狀都揉成了文字，寫在這本書裡。從一片混亂寫到一陣平凡，好像又重新撕碎和拼湊了一次那些事。雖然我覺得，人一旦嘗過悲傷，就再也變不回悲傷以前的自己了。但是情緒會過去，感受會留下來，然後內化成你的一部分，就可以坦然面對過去了。

正在經歷悲傷的我、過著不悲傷也不快樂的日子的我、想要變得幸福的我、最終變得平凡的我，這些文字留給每一個我，和每一個你們。

總有一天平凡的日子會到來，無聊的日常會變成一件很美好又珍貴的事。

Chapter ❶

快樂的日子

Chapter

2

悲傷的日子

Chapter

3

不快樂也不悲傷的日子

Chapter 4

平凡的日子

Chapter ①

快樂的日子

這個世界或許
只有過得比你好的人才會對你說
「希望你過得好」

你變了

就算是陰天，太陽其實也在發光，只是被雲層擋在後面。即使有人掩蓋了你的光芒，你的光芒也沒有消失，只是需要其他機會去綻放。

某個部分的你始終如一，但總有人喜歡抱怨你變了。就像巷口的便當店，十幾年來的烹調著一樣的菜色，用一樣的方式炸排骨，但總有人會在 Google 評論留言「味道不一樣了」。

那些被雲層遮蔽視線的人，並沒有真的看見了你的什麼。

「變了不好嗎？」
「變好也算是一種變了啊！」
「我只是不想成為渴望改變卻不敢做出改變的人。」
「會這樣想的你，變成怎麼樣的人，都會是很棒的人啦！」

即使有人掩蓋了你的光芒，
你的光芒也沒有消失。

阿綸

阿綸是我高中的同班同學。

上高中後的第一堂體育課，女生們圍成一個圈圈一起打排球。但是我非常不擅長球類運動，所以我沒有加入那個圈圈，而是坐在旁邊看。然後阿綸走到我旁邊坐下，她說她也不會打排球。

有次我在教室裡看《夏目友人帳》這部動漫，阿綸說她也喜歡看《夏目友人帳》。後來我們會一起去合作社買午餐，她看到我在寫手帳還送我幾捲紙膠帶。

因為不打排球和一起看動漫的緣分不知不覺來到第十年。

（不過阿綸現在變得超愛打排球、然後很少看動漫了）

頻率對了真的什麼都對了。明明我們的興趣和喜好都很不同，個性也超級不一樣，但是想法意外的很合拍。跟她待在一起的時候我會聊很多我從不跟別人聊的話題。像是去探討「爸媽對我們的愛是怎麼樣的一種愛」、「打算活到幾歲然後怎麼死去」、「對人生的看法、對人性的看法、活著的意義」，還有很多我放在心裡最深處的想法跟價值觀，那些被別人知道會感到羞赧的赤裸裸的東西，我可以很放心地讓阿綸知道。

我們每一次聊天，我都覺得自己變得更了解自己了。

有一次我們在百貨公司亂晃。我問她「妳覺得妳是一個善良的人嗎？」

「完全不是。」

「妳哪裡不善良？跟我比起來我就覺得妳人超好的。」

「就是，很多時候還是會做出自私的選擇。為了讓自己比較順利，所以犧牲別人。」

「是嗎？但這樣說起來妳對自己很善良啊。我覺得這也算一種善良。而且，妳又沒有因此傷害誰。」

「對耶！說不定對別人很善良的人，不一定懂得怎麼善待自己。」

「不過，其實我不知道自己有沒有不小心傷害了誰。」

我們都沒有想過要努力成為一個善良的人，我們都在摸索善與不善間最舒服的生存方式。因為我們都是這樣的人，所以我們待在彼此身邊的時候總能感到心安理得。

我想回到過去

回答那種「如果有時光機，你想回到過去還是去到未來？」的問題時，我百分之兩百會選擇回到過去。

高中的時候想回到國中，大學的時候想回到高中，出社會之後想回到大學。我想變回一個什麼都不知道的人。沒有被傷害過、沒有對誰失望過、沒有發現自己能做到的事情其實不多。

我想念所有讓我成為現在的我的人事物，包含那些痛苦的過往和無法抹滅的傷心，每件事都深刻又美麗。最重要的是，有些人只有回到過去才見得到了。我想念你們。

我想念所有
讓我成為現在的我的人事物。

「我覺得愛的本質就是受傷。」那天跟阿綸在河濱公園散步的時候，我這樣說著。

「就算發生了很多幸福快樂的事，愛的過程對我來說就是一種受傷的過程。」因為愛就是把自己的心意交給別人，任人宰割。心意在別人手上，但感受還是在自己身上。對方的一言一行一舉一動都影響著自己。

「那這樣為什麼大家都還是想要去愛人？」

「因為心動的時刻太誘人，常常讓人忘了去考慮之後要承受的痛。」

「啊～～好想當一個不會心動的人！」
「心要是不會動的話，就代表妳死了耶！」
「對耶！」

大四那一年，我養了一隻貓，叫做星期五。她是我的部下，我是她的老大。

我原本覺得養貓就是多了一個玩伴、一個歸屬，但是當我們真正進入彼此的生命，我理解到，星期五教會了我什麼是「感情」。

如果說感情是一池水，遇見星期五之前的我都只是輕輕拂著水面，遇見星期五之後的我才第一次整個人潛入水裡。

我以前是一個不太會哭的人，就算遇到了很難過的事，或是看很感人的電影，我都不會想哭，也不知道身邊的人為什麼會哭。

現在的我開始會哭泣、會擔心身邊的人離去、會因為看見別人痛苦而感到憂心。我的生命裡第一次出現了「重要的事物」。

有了星期五之後，我也漸漸理解到爸媽對我的「愛」是一種怎麼樣的情感。原來真的會有一種感情是這樣源源不絕地傾瀉而出、相處再多也覺得不夠、光是待在一起就被療癒、不希望他受到任何傷害、希望他健健康康、看到他安心睡著的樣子就感到無比幸福。

愛真的好神奇。

(後來我又領養了兩隻貓咪，一隻是十一月、一隻是早安)

幸福的人

有天跟阿綸走去搭公車的時候，我突然問她：「要怎麼樣才能變成很幸福的人啊？」

「內心要感到幸福。」

「內心要怎樣才會感到幸福啊？」

「內心要足夠強大。」

「要怎樣內心才會變強大？」

「鍛鍊。」

「怎樣鍛鍊？」

「沖瀑布。」

「……」

「……好啦，我覺得真的要經歷很多事情才能變成一個很有智慧的人吧？不過，有智慧的人都很幸福嗎？」

「我覺得，有智慧的人不會追求幸福這件事。」

「我也覺得，不去追求幸福所以感到幸福，形成一個悖論！」

我想變得幸福，所以我不再去想變得幸福，我開始感受當下，「現在天氣很好」、「現在身邊是她」。

恩，很幸福！

我想變得幸福，

所以我不再去想變得幸福。

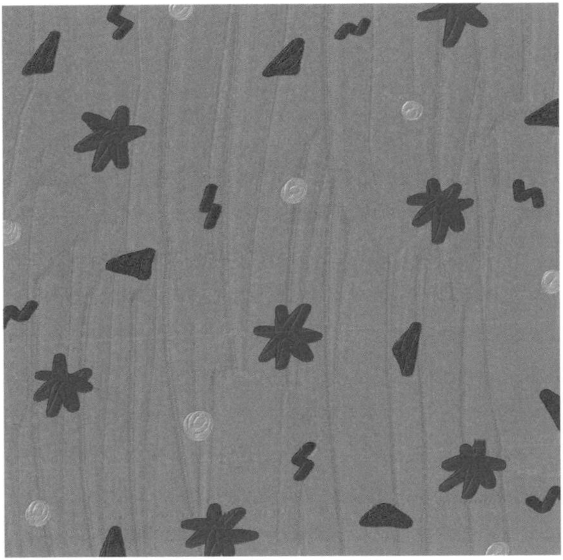

不屬於我的永遠都不會屬於我，
即使我的渴望非常強烈。

挺好的

「妳覺得妳很會安慰人嗎？」

「超級不會耶。」

「可是妳明明寫了那麼多給人力量的話語。」

「我覺得，這就像大家都知道買股票要在低點買進、高點賣出，知道要這樣才會賺錢，但是不知道要怎麼操作才能達到低點買進、高點賣出。」

知道要怎麼做才會減少痛苦，但是不知道怎麼做到那件事。

知道人生要看開、要豁達，才不會太辛苦，但是看不開、豁達不起來，所以徒勞無功。

別人說的話，都像是印在教科書上的死板句子，那既正確又毫無用處。

你要努力、要堅持下去，這樣就會成功。但是，這世界上更多的是努力了卻什麼也沒能達到的人。堅持有什麼用呢？不屬於我的永遠都不會屬於我，即使我的渴望非常強烈。好多人都在告訴我該怎麼做，但是沒有一個人真正經歷過我在經歷的事啊。

所以我會說：「你現在在做的事就挺好的。或是你什麼都不做也挺好的。」

我很愛生氣，我很討厭那種教大家不要生氣的書或是影片。

有人告訴我不要生氣的時候，我就會變得非常生氣，我覺得生氣是我生活中最大的動力。

不過我的生氣不是那種情緒失控、口出惡言或是拳打腳踢的生氣，而是對某件事情感到憤怒，然後讓那股憤怒變成動力，找出憤怒的原因和解決問題根源的方法。我生氣的對象大部分都不是某個人，而是某件事或某個狀態。

例如，我看到行事曆有很多待辦事項沒有完成就會非常生氣，然後找出能夠迅速完成的事情先做完、把需要花時間的事情按照輕重緩急分類好，開始行動。

或是，我看到想吃很久的餐廳剛好客滿，也會覺得很生氣、會憤怒地說：「我下次一定要吃到！」然後開始搜尋餐廳的訂位資訊。

感到憤怒的時候，我覺得所有事情都在慢慢變好。

對我來說，如果硬是要自己心平氣和地原諒所有事，那卡在心裡的那股氣大概永遠也不會消散吧。

小感冒

兩年前的五月，我度過了一段非常低潮的日子。雖然跟平常一樣地上班下班、運動煮飯、畫畫寫字，但是那時候的我每天都覺得很絕望。不知道自己該怎麼做才能擺脫不安。

有天晚上，爸爸打電話給我，一如往常地問我說：「妳最近過得好嗎？」

「就，很普通呀，跟平常差不多～」

他沉默了一下說：「現在的妳，就是小感冒而已，會好的。」

我沒有跟他說我過得不好，然後他沒有問我原因，就告訴了我結論。

掛上電話之後眼淚就掉下來了。

我沒有特地跟誰說我那陣子過得不好，但是把我放在心上的人都看在眼裡，溫柔地守護我、支持我，掃開了我的不安，成為了我的後盾。

小感冒後來好了，往後的日子裡，我再遇到小感冒的時候，就會想起那通電話。

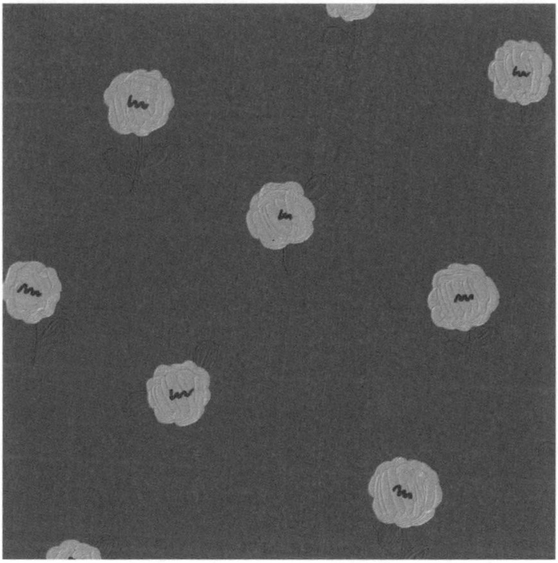

把我放在心上的人，溫柔地守護我，

掃開了我的不安。

難以消化情緒的時候，
就用思考取代感受。

刪除鍵

比起日出，我更喜歡日落。
比起開始，我更喜歡結束。
比起建立新檔，我更喜歡清空垃圾桶。
我喜歡有些事情發生之後，再也沒有轉圜的餘地，這樣就誰都沒有機會責怪誰了。

心情不好的時候，我最喜歡做的事情就是刪照片。某些螢幕截圖、某些食物照、某些風景。嘗試讓視野中只留下自己真的很喜歡的事物，心情就會好一些。把檔案分類，按照年份整理好。把衣櫃清空，再重新收納。把房間的擺設稍微變動一下，嘗試去釐清些什麼，好像這樣就能真的弄清楚自己為什麼不開心。

把身邊的人也分類，按照重要程度排序。「他說的話不要太在意、他說的話要放在心上喔。」這樣告訴自己。所有很感性的關係，都可以用很理性的方式處理。難以消化情緒的時候，就用思考取代感受。

我為自己的生活安上了一個刪除鍵，不好的時候就一直按、一直按、直到陰霾消失。

對我來說失去不可怕，那些照片、那些衣服、那些櫥櫃裡的各種物品，還有那些人、那些事、那些回憶。

失去不可怕，留戀不該留戀的東西，才更可怕。

不要

大家都說「要變成更好的人」的時候，我偷偷地說：「我不要。」

你們去變成更好的人吧，我只有在偶爾、很偶爾的時候才會有這種想法。大部分時候我都想成為跟昨天一樣的我，或是跟上一秒一樣的我。

我想繼續當一個有點愛生氣但是很頑強的人、我想繼續過著普通又平凡的生活，畫一些圖、做一些設計、看一些書，然後太陽就下山了。畫一些圖、吃一些東西、睡一覺，太陽又升了起來。

我不要變成更好的人，我不要比現在更好的生活，因為我也不想要犧牲現在生活中的任何一個部分去變好。

現在這樣就好。

十八

有一次跟阿綸一起散步回家時，她問我：「妳比較喜歡當學生還是出社會的自己？」

「出社會吧，可以自己賺錢、自己住、買自己喜歡的東西、自己決定很多事。」

「可是當學生都不用煩惱存款多少、薪水高低、未來何去何從這種問題耶！」

「當學生的時候也有當學生的煩惱啦，只是妳現在忘記了啦。」

「可是妳每次都說很想回到高中那時候～」

「因為那是我人生中體會到最多事的日子啊，我覺得我現在的價值觀和性格，有一半都是那三年建立起來的。」

「嗯嗯，真的超明顯！高中之前的妳和高中之後的妳，真的很不一樣」。

「因為傷心過頭了，所以看開了很多事。」

十八歲那一年的我，因為傷心過頭了，所以學會了原諒；原諒這個世界有時候就是會把人逼到死角，我曾經從死角裡爬出來、然後慢慢走回正常人類生活的地方。那時的我流光了人生中一半的眼淚，每天醒來只想著趕快找機會入睡，因為醒著太不安、太茫然、太害怕有人發現我那陣子很不正常。

接著那些不正常變成了我的日常。我在低谷裡徘徊許久，偷偷地放棄了很多事，開始試著只享受當下所感受到的一切，抱著也許明天就不會醒來的心情，一天數過一天地活著，數著數著就習慣了。不再去思考怎麼做才會像大家一樣好，我只要每天都有醒來應該就很好了。不快樂的日子會找到不快樂的生存方式。

後來我變成了一個內心強大的人。自從那一次好起來之後，我覺得所有不好的事情都會有好起來的一天。就算一直都不太好，也會有不太好時適用的開心方式。看待事情的方式變得很豁達，在乎的事情變得很少。我原諒了這個曾經把我逼到死角的世界之後，就再也沒有被困在任何地方過。

十八歲真的是一個很年輕的歲數，那時候我經歷的事情還那麼少，卻有了人生中最鮮明的感受和記憶。我很慶幸是在小時候就嘗過了憂鬱的滋味，因為原本就倒在地上的人，再也不會被打倒。

就算沒有意義也活下去吧！

「我其實沒有很想活著。」

「妳怎麼會說出這麼恐怖的話？」

「沒有想活著又不代表我想去死，我完全不想死喔，你不要誤會，只是對我來說沒有別的選項啊，所以就只能這樣說囉。」

「這兩件事有差嗎？」

「有啊，差很多耶。例如今天你喜歡的人跟你說『我喜歡你』或是『我沒有討厭你』，你能不能感受到差別？」

「可以耶，真的很不一樣。」

就算有很多喜歡的事物或是想做的事情，也不一定能夠找到活著的動力；做著穩定的工作、過著富足生活的人，也有別的煩惱會出現。擁有更多的人其實走在更細的鋼索上，他們可能失去的東西比一般人多得多。

尋找人生的意義是一件沒有盡頭的事。

我想說的是，就算沒有意義也活下去吧！不為了誰、不為什麼，就像呼吸是一件理所當然的事一樣，活著也是。

每一天、每一天地活下去吧。

追求

「我不是那種充滿熱忱、全力以赴的人。」

「我也不是。」

「我只要對我的事情負起責任就好，如果零是最差一百是最好，我給自己的標準大概是七十分，所有事情我大概會做到七十分。」

「聽起來滿高的啊？」

「大家都吹捧那種付出一百二十分努力的人。」

「他們一定很辛苦，除了被吹捧的時間之外，可能都在偷偷地咬著牙擦眼淚。」

「不過做喜歡的事情我也會出一百二十分的力。」

「那我覺得你這樣很好，因為你有把事情做好的能力、也有選擇要出多少力的能力，這代表你能屈能伸，懂得休息。」

「也許吧，但是像我這樣的人，一定沒辦法去到很遠的地方，或是我可能永遠都看不見高處的風景。」

「你很想看看嗎？」

「現在還好。感覺看過了就沒辦法回到舒適的地方了，會變得很不安。」

「比起遠方或高處，在適合自己的地方生活比較開心啊！」

「嗯，雖然有時候還是會懷疑自己。但是真的比較開心。」

「動搖的時候，要把這些話多想一遍、再想一遍，直到知道自己在追求什麼。」

「好。」

比起遠方或高處，

在適合自己的地方生活比較開心啊！

零與一百

「我對你的信任是滿的。」

但是這份信任不堪一擊。並不因為你做了什麼、或是我過去經歷了什麼。信任這件事對我來說，本來就不是一百就是零。

所以你不要打擊它。

我不是一個會輕易相信別人的人。不過也不是說我會故意去不相信別人，而是我大部分都會讓自己保持在「相不相信這個人，對我來說都無所謂」這樣的心態。

內心變得強大，就可以克服很多不安。依靠的人是自己的時候，與誰相處都會變得更加容易。儘管感覺有些冷漠，我也想成為一個不會失去自己的人。

有天我跟阿綸在聊「決定要不要喜歡一個人的條件有什麼」。

我說：「我會找機會聞聞看他的味道，如果他聞起來香香的，我就可以喜歡這個人。」

阿綸說：「聞什麼味道？妳是說要確認看看他挑洗衣精的品味跟妳合不合嗎？」

「才不是！我是要看看他身上散發出來的味道跟我的生物直覺有沒有契合，如果我覺得那個人的味道聞起來有點違和感，就是我的本能在警告我這個人不行。」

「真的假的？妳每一任男朋友都有這樣判斷嗎？」

「真的啊！我有時候會跟對方借外套穿，然後趁機聞聞看，哈哈哈！」

後來我們又聊到這件事。

「上次妳說的關於味道合不合這件事，我好像懂了耶！」

「對吧！這個很準啦！」

「但是妳要怎麼知道妳聞到的味道是對方的味道，不是洗衣精的味道？」

「這個很好判斷啊！因為洗衣精的味道是化學香氣，或是一些花果植物的味道，但是人類散發出來的味道跟這些都不一樣。」邊說我邊抓起她的手臂聞了一聞，「妳看，妳手上有妳的味道，從高一認識妳到現在都沒變，香香的。」

她也聞了一下我的手臂，「好像有耶！雖然不太確定。」

我很相信自己對於味道的直覺。我很容易暈香，如果身旁有人噴了味道比較濃厚的香水，我很容易會暈眩或反胃。曾經有一次在高鐵上因為隔壁乘客過於濃烈的香水味，我跑去廁所吐了兩次。

如果我因為什麼事幾天沒回家，我最想念的就是家裡的味道。抱著媽媽的時候可以聞到媽媽才有的令人安心的味道、抱著星期五的時候可以聞到星期五身上臭臭香香的療癒味道、抱著陳居米的時候也有陳居米才有的讓人放鬆的獨特味道。

平常上班時間，有人進辦公室，我不用抬頭就可以知道來的人是誰，因為我的座位在門口附近，他們的味道都會飄過我的鼻子。和我合得來的人味道聞起來會比較舒服；和我頻率不同的人聞起來就有點臭臭的。

生物本能好神奇，我的鼻子也好神奇。

Chapter

2

悲傷的日子

「我想逃走的時候，你可以不要找我嗎？」

我常常忘記還有逃走這個選項，

通常是在原地慌亂的不知所措了好久之後才想起來，

不是所有事都需要面對。

勇敢的人知道怎麼讓自己不要死掉。

壞掉的東西要丟掉才行

凌晨四點，你傳訊息告訴我，你真的沒辦法失去我，請我回到你身邊。

我很難過，又很生氣，我覺得是你先把我們之間的信任丟在地上踩，但是現在卻用一副受害者的姿態哭泣。我很難過我們曾經很美好的關係變成現在這樣，又很生氣我居然在為了壞掉的東西難過。

「就算回去了，我們也會不斷地重蹈覆徹，直到彼此遍體鱗傷。」我很想把這段話傳出去，但是想到你的臉，還是索性關上螢幕把臉埋進枕頭。

我不喜歡留著壞掉的東西，礙眼、沒用、又佔空間。

但是在決定丟不丟的時候，卻又想起它壞掉之前很美好的樣子。我知道，丟掉這個行為本身就令人不捨，儘管它已經在手中逐漸腐爛發臭，但曾經被當成寶貝啊。就這樣，我反覆地拋下又拾起我們共度的這些日子。

我首先整理了手機裡的合照，因為刪除這個動作快速又精準，一次選取幾十張照片的功能讓我感到痛快。你已經成為過去了，我也已經前進了。

接著我收起了與你相關的物品，牙刷、外套、馬克杯。每收拾一個物品，我的決心和難過就更確實一些。

你已經成為過去，我也已經前進了。

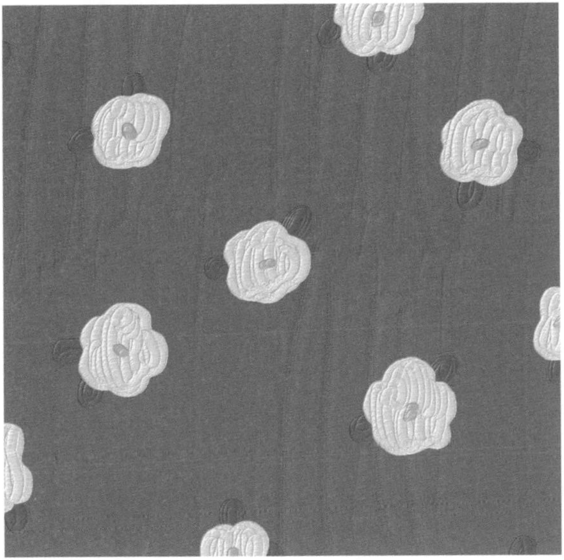

我明明擁有自己的全部，
卻沒辦法自由地使用。

蔡加尼克效應

你知道「蔡加尼克效應」嗎？

維基百科上的解釋是「相較於已經完成的工作，人們比較容易記得未完成的，或是被打斷的工作。」

每一次想起你的時候，我就會想起這個名詞。

愛而不得的人永遠都會留在心中，即使過去了長長的歲月，那種被掏空的感覺永遠都無處安放，在心上留了個鮮明的口子。

我愛的到底是你這個人呢，還是因為得不到而讓一切看起來很美好的濾鏡呢，或者說不定，我愛的是喜歡你的自己？然而答案從來都不存在，因為在我擁有你之前，你就走了。

與你度過的每一個日子，就像內建在我腦海裡的唯讀檔案，沒辦法做任何編輯、也沒辦法封存，像被上鎖的硬碟一樣。所有瞬時記憶都硬生生地佔據了我的一點點。我的很多部分都存放著你，我明明擁有自己的全部，卻沒辦法自由地使用，因為被那些回憶佔據的地方，我放不了手，也沒有其他解套方法。

我遇見再多再好的人，都沒辦法填上那個口。因為過去和此刻是沒辦法互相抵銷的。可是啊，如果可以回到過去，去選擇「要不要遇見你」，我想我會毫不遲疑地選擇要。

你帶給我的傷痛和幸福已經成為我性格中的一部分，對於感情熟稔的處理方式，很多都是從愛你這件事中學到的。雖然我成了一個心上有口的人，但是其他地方都好好的成長了，所以不快樂的日子對我來說也無關痛癢了。每次想到這裡就會神奇地發現，原來時間真的能讓很多事情變淡。因為我那時候一直以為不可能，現在看來只是還不夠久而已。

那麼，對你來說夠久了嗎？

良藥

要療癒留在身上的傷痛太難了，相比之下，用新的心動來暫時逃避痛楚就容易得多。所以每結束一段感情，就急著去遇見新的人、開始新的關係，好像這樣就贏回來一點點了。

但這樣做就像是直接在新鮮的傷口上鋪上粉餅一樣，看起來完美無瑕，但卸下偽裝之後還是滿目瘡疤。尤其是獨自一人的時候，就會發現那些讓人傷心的、遺憾的過往，從來不曾消失。

新歡是特效藥，迅速又有感。但是那帖藥再好，對正在經歷熱騰騰的傷心的人來說，他一點也不想要。不想要遇見新的人，不想要新的心動，也不想要新的幸福。只想要舊的人回來，想要回到所有事情都還很美好的過去，想要被舊的人珍惜，想要舊的感情重新燃起。

受傷的人，想要的是時間回溯到還沒受傷的時候，而不是用任何一種方法來治癒，即使知道不可能。除此之外都提不起勁，所有良藥，都不想要。

相遇

日劇《晝顏》★中提到過，按照世界人口來算，人與人相遇的機率大約為一百八十億分之一。這個數字小的讓人覺得既浪漫又難過。

發生了那麼多傷心的事，我們卻用最冷漠的方式道別，包含社群媒體，我們再也沒有出現在對方的生命中。即使如此，再給我一次機會回到與你相遇的那一刻，我還是會選擇愛你。

我們因為這個數字相遇了。無論過程如何、結果如何，相遇都是一件美好的事。所以原諒那些傷心吧，至少我們相遇了啊。

★ 原文：2人の人間が出会う確率を計算したことがあるの，詳しいことは省略するけれど，世界の人口に対して、誰かが誰かと出会う確率は，およそ180億分の1，とんでもなく奇跡的な数字なんです，出会いは大切にした方がいいですよ

原諒那些偏心吧，至少我們相遇了啊。

偏心的時候

很容易講出太溫柔的話。

說些什麼

你懂那種「分手了，但是還想說些什麼」的心情嗎？

說什麼都不會讓事情變好了，但還是想要告訴你，你曾經多麼重要。

就算後來發生了很多傷心欲絕的事，也不會掩蓋你帶給我幸福的那些瞬間。

傷心的時候很容易講出太溫柔的話，有時候都要忘記自己因為你熬了多少夜、失了多少眠、流乾了多少眼淚。太想念的時候，差點以為你其實是很好的人，那些造成的傷害都只是我做的夢。

離開的人、被留下的人，大家好像都還想說些什麼。

但最後什麼也沒說。

花了好多時間才讓你真的走出我的人生，想說的話都被揉成一團丟到垃圾桶裡了。後來那些都不重要了，反正我們已經是沒有關係的人了。

忘記

分開之後，我開始討厭星際大戰，因為那是我們一起看的第一部電影。

星際大戰沒有錯、你也沒有錯，我們只是不適合而已，但我覺得我必須討厭某種東西才能走出去。

走出我們一起經歷過的很多事、走出你曾經說過的話、走出我曾經喜歡過的你。我做了很多努力去擺脫這些過往。我不聽那幾年我喜歡聽的歌、不去看那時候我最喜歡的散文作品；不翻那幾年的日記本、刪光所有藏有你身影的照片、把那時候的自己和漸遠的你一起忘記。

好像我真的能夠忘記般地去忘記。

就這樣過了好久好久，我覺得自己好多了。討厭的星際大戰又出了幾部電影、我們熟悉的地方又開了好幾間新的店，我經過那裡幾次，儘管我每次都還是會想起你，但是沒關係，一切都變得不一樣了，我一定能走出來的。

再久一點就會好了，再久一點。

原地

「你覺得無縫接軌算是一種劈腿嗎?」

「算吧，這代表他在上一段感情結束之前，就愛上別人啦。」

「但是有好好結束一段關係再開始另一段關係，就某個層面來說也算是負責吧?」

「對被傷害的人來說，無縫接軌跟劈腿可能沒什麼差別。反正就是不愛了。」

「即使好好分開也是嗎?」

「分開才沒有什麼好好，就是不好才分開的。說到底，先不愛的人就是可憎，對被拋下的人來說，不管他做什麼都很壞吧。」

我也好想當當看很壞的人，想要在你不知不覺的時候就不要你了，這樣你就會感受到跟我一樣的寂寞。但是你每次都是先走的那一個，約會的時候、分手的時候。我每次都是被留在原地的那一個，要花好一段時間才能反應過來：你不在了。

「妳覺得喜歡和愛的差別是什麼？」

「如果他死了我會難過的話，那就代表我愛他。」

「那如果有一天妳的朋友死掉了，妳不會難過嗎？」

「應該不會，我會遺憾、也會想念，但是應該會一如往常地去上班、還有吃飯睡覺。」

「妳的意思是，妳愛的人死了的話，妳會變得行屍走肉嗎？」

「嗯。我的某一個部分，會跟著一起死掉。」

想念會變成星星。

很久很久以前

1

本來想問你
愛過我嗎
後來沒問
因為愛過跟愛的差距太遙遠了

一直小心翼翼維持關係的我
總是隨心所欲靠近遠離的你

故事太長、時間倉促、你不在乎、而我
該走了

2

有些過去會成為養分
有些過去卻會成為枷鎖
我一直不知道
怎麼再去愛人

3

如果擁抱是一種才能
我大概是個擅長擁抱的人
太多情緒的時候
迫切想要給予安慰的時候

心疼的時候、伸出雙手的時候
距離小於十公分的時候
「抱有什麼用？事情又不會解決。」

親愛的
擁抱從來不是藥
那是我診斷你的方式呀！

4
拋棄自己的日子一天天過去
努力撐起的世界一天天歪斜

5
請你不要說對不起

對不起是穿著道歉的道別
道歉其實就是再見
無論是你假裝沒關係或我假裝沒關係
我都不想與你說再見
我希望你永遠都一樣重要、也一樣好
就算這些好
隨時都可能隨風飄散掉

6

你已經擁有我的一切了
最快樂和最悲傷都是
硬是去正負相抵的話
我還是有一部分的靈魂在你那

7

分開之後，反而想起你所有美好的樣子。

有時候我覺得我們之所以分開，是因為我們太靠近了。

8

有天晚上，我們躺在床上，面對面凝視著彼此。

現在回想，那大概是我們還愛著彼此的最後幾天。

我問：「吶，你覺得我的優點是什麼，缺點是什麼？」

他慢慢地說：「好像是同一件事。缺點是容易悲觀、過度悲觀。」

「那優點呢？」

「妳非常的堅強。」

這個答案真讓人難過。

我非常的堅強，你也喜歡我的堅強，你喜歡我非常堅強，可我想你也喜歡我的脆弱，讓我依靠，保護我、疼惜我、可憐我。

可是最後保護我的人還是我。

從你手中。

哀豔

我很喜歡「哀豔」這個詞，哀婉淒豔，美麗又悲傷的感覺。不知道是不是每個人都跟我一樣容易放大悲傷。就算感到幸福，也會在短暫的喜悅過後又陷入長長的失落中。

那年聖誕節，我們約好下課後一起吃晚餐。台北街頭到處都是熙來攘往準備過節的人，捷運站很擁擠，他牽著我的手，月台的黑色玻璃倒映著我們的樣子。我頓時覺得很難過。因為聖誕節是幸福感滿滿的節日，所以我更難過，我覺得自己格格不入。

餐廳外面有一顆超過兩層樓高的聖誕樹，樹身燈光熠熠，非常耀眼。大家都在跟聖誕樹合照，我也幫他拍了一張，背著光我看不清楚他的表情，但我知道，今天對他來說一定是稀鬆平常的一天，但是對我來說，一起過節是我等了兩年才實現的奢望，非常地珍貴、又哀豔。

他走在我前面，我好幾次偷偷停下來，想離他遠一點，可是每次他轉過頭，看進我眼裡，我就又跟了上去。我不斷地停下來，他不斷地轉過來，可始終沒有牽我到他身邊。我說沒關係，在他一個轉身的距離，我就在這裡，因為我喜歡他，所以除了這裡我哪也不去。

距離很美。

他很美。

背影很美。

美麗的事像星星般在眼裡暈開的時候，我覺得很幸福。

酸酸的鼻子和模糊的眼框，那時候我才發現，快樂的事是瞬時記憶，難過的事是沒有盡頭的單曲循環，一遍又一遍地響起。

一遍又一遍地。

停下

如果我走向你，你沒有同樣地走向我，我就會停下腳步。

如果我對你來說只是眾多選擇中的一個，那我寧願自己根本不在選項內。

比起擁有你的渴望，害怕會失去自己的恐懼更多一點。

所以我可以停下來。

就算會痛，也要停下來。

雖然長時間的、淺淺的難受，和短暫卻劇烈的疼痛，對我來說是差不多辛苦的事，但他們帶來的影響很不同。前者會留下比較多後遺症、後者可以好的比較快。

像是，長時間沒辦法得到安全感，往後就算遇到了很棒的人，也需要花一段時間去建立信任。

在相處過程中被摧毀的東西要慢慢累積才能回去一點點。

損壞是一瞬間的事，復原卻是一陣子到一輩子那麼長。

比起擁有你的渴望，

害怕會失去自己的恐懼更多一點。

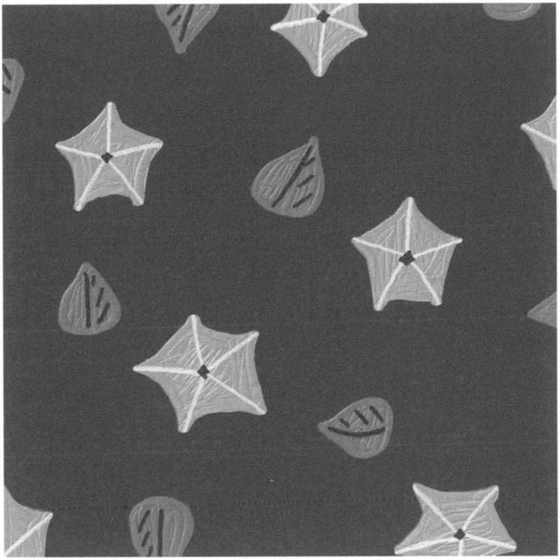

你不能擅自決定我該不該難過。

不一樣

如果不理解，就不要假裝理解，那樣我還覺得比較舒服一點。

當我像蔓延的森林大火熊熊燃燒時，你不能提著一個小小的花灑澆向我然後說：「這沒什麼，妳不要難過。」

你不能拯救我，這沒關係。但你不能擅自決定我該不該難過。

那些說了很多漂亮話的人，真的都嘗過悲傷的滋味嗎？就算嘗過也不能這樣講話，每個人的悲傷都是不一樣的形狀。

情緒不能拿來比較，有點慘的人跟超級慘的人都很慘，當他們掙扎著想要上岸，那些輕描淡寫地說沒什麼的人，卻一把將他們推向深淵。

最悲傷的事

有一天晚上，陳居米講了一個睡前故事給我聽。
他說：「星期五要跟她的夥伴們去打怪。」
「去哪裡打？」我問。
「很遠的地方。」
「多遠，要去多久？」
「不知道。」
「不行耶，那星期五不要去可以嗎？」
「不行，星期五總有一天會離開我們，去遙遠的地方。」
然後我就哭了。（我想陳的本意並不是要讓故事朝這個方

向發展，只是不知道為什麼雙方都認真了起來）

重要的人會離開，這個道理誰都懂，我也一直都知道，只是我後來才知道，這件事光是去想像，眼眶就會充滿淚水。

那天晚上過後，我開始認真思考重要的人大概會如何離開我。我該如何面對自己「被留下」這件事。不斷地想、不斷地想，在心中演練千百次。生老病死，多麼平凡的四個字，怎麼就讓人傷心得不能自己了。

後來我在 Instagram 貼文中寫下：「這世界上最悲傷的兩件事：一是時間的流動是單向的，而且從不停歇；二是生離死別，無法避免。」

水蜜桃與玫瑰花

高一的國文老師曾經給我們做過一個體驗。

在開始前，她說：「可能會有人哭喔。」接著她從一個塑膠袋裡拿出一顆水蜜桃和一朵玫瑰花，問道：「有人想要嗎？」有幾個人舉手，老師把水蜜桃和玫瑰花分別遞給兩位同學，接著說：「好，現在開始把水蜜桃和玫瑰花傳給你們後面的同學，每個人都要輪流傳到這兩樣東西。」

大家開始傳接水蜜桃和玫瑰花。有些人拿到水蜜桃的時候會捏一捏、聞一聞，還有人作勢要咬一口、有些人想拿來玩傳接球，嘻嘻哈哈；拿到玫瑰花的人也是，摸摸看、聞聞看、試著拔掉莖上的小刺、或是在花瓣上寫字。很快的，兩樣東西都傳完一輪，回到國文老師手中。

她說：「現在，還有人想要這兩樣東西嗎？」

大家安靜地看著講台不說話。

水蜜桃上多了很多小小的痕跡，被所有人碰過之後的水蜜桃看起來沒有這麼好吃了。

玫瑰掉了幾片花瓣、莖甚至被折出一個直角，看起來好像要凋謝了。

老師說：「你們就像是這顆水蜜桃和這朵玫瑰花。未來會經歷許多不同的感情，所有相遇和離別，都會在你們身上留下一些痕跡。當你傷痕累累的時候，你還遇得到願意珍惜你的人嗎？或是，你願意去珍惜身上有傷痕的人嗎？」

當時大家都沒有哭，大部分人都覺得「蛤老師你在說什麼？」然後就打開課本上課了。

七年後，我真的變成了那顆水蜜桃。

再想起這個故事的時候，突然覺得很想哭。日子過去了好久、經歷了那麼多來來去去，我感覺我還是原本的我，但是很多事情都不一樣了。

即使假裝充滿希望，也藏不住身上曾經背負了那麼多失望。

愛我的人，就算沒有參與我的過去，也看得見它們留在我性格裡的軟弱。

傷痕累累的人，還會被好好珍惜嗎？

這樣的戀愛

你對我有一點點好，我就可以活過很多你對我不理不睬的日子；你在乎我一次，我就可以忍耐你對我冷淡十次。

我曾經這樣喜歡過一個人，我知道這樣不對、這樣下去不行，可是怎麼辦，好喜歡。

我把行程都排空只為了你可能會突然約我出去；我不會問你喜不喜歡我，我不想給你壓力，我知道確認關係對你我來說都沒什麼意思，就算我好在意。

喜歡也好、不喜歡也好，現在的關係都不會改變，你需要我的時候，我會在。然後我從來都不會說我需要你。

我曾經這樣談過一段戀愛。

我們見了面，你說你今天只想在家打遊戲。於是我拿起書架上的書一本本地看，從天明到天暗，我看了哈利波特第一集《神秘的魔法石》、再看了邱妙津的《日記》、接著是龍應台的《大江大海》。

好幾個小時過去，你說「時間不早了，妳要回家了嗎？」然後我就回家了。我那時候告訴自己：可以待在一起一整天真幸福。但是我不知道幸福是不是真的長成這個模樣。

我們曾經去看過午夜場的電影，對你來說是稀鬆平常的事，卻讓我覺得自己很特別，因為我從來沒有看過你找誰一起看午夜場的電影。

我總是偷偷猜測你的想法，再把這些猜測一個個地咽下去。不要問、不要好奇，不要期待就永遠不會失望，望著你的側臉，腦中的想法又一個個沉沉睡去。

我在最好的年紀，經歷了一段難以言喻的感情，然後我就變成現在這樣，理性、平靜、擁有很多想法但不隨意表達的人。

時間過去了好久好久，現在回頭望去，我知道在這段關係裡面，很多東西都錯了。我可悲的莫名其妙，我也搞不清楚你是假裝沒看見我的可悲還是你根本不在乎。就算我想知道，我們也已經不是會聯繫彼此的關係了。很多事情當時毅然決然去做的，現在都想不通了。當我知道怎麼對自己好之後，就逐漸忘記當時為什麼要過著對自己不好的生活。我只知道太喜歡的時候，什麼事情都有可能發生。

但是真的，擁有過那段回憶真的是太好了。

太喜歡的時候，什麼事情都可能發生。

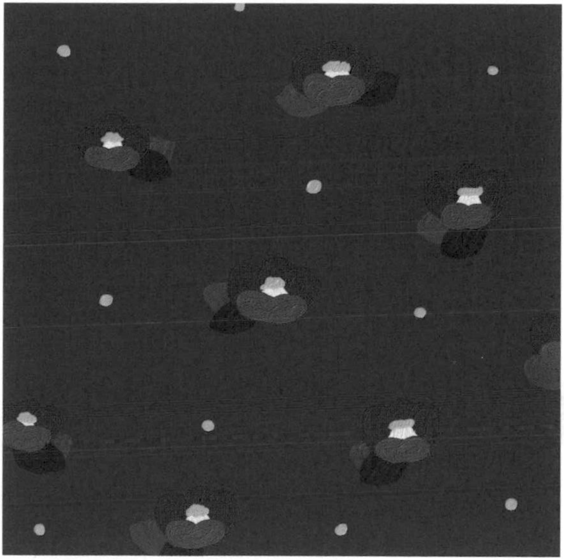

只要身邊的人是你，做什麼都無妨。

疤痕

後來我跟別人一起去了動物園。

你答應過我的事情，我跟別人一起完成了。

未來尚未到來的時候，你就從別處先離開了，於是我自己走了剩下的路。

我告訴自己沒關係，人生本來就是這樣，有人會來、也有人會走，所以我要假設很多時候都是自己一個人要去完成某件事，這不難，做就好。

但是有時候，我還是會很想念跟你一起虛度時間的日子，走去某個地方散步、沒有目的地，在路邊的長椅上休息，聊著一些無關緊要的事情。

後來我在路上看到在長椅上休息的人，都會覺得很奇怪，他們沒有要去的地方嗎？我忘記自己也曾經是這樣，只要身邊的人是你，做什麼都無妨。做什麼都很有意義。

一起走過的街頭是風景，一個人走過的街頭只是條通往某處的路而已。

要練習獨自欣賞美景原來是一件有點困難的事，如果身邊沒了個誰一起記住這一刻，這一刻很輕易地就會消失在記憶裡。

你教會我的事情就是這個，與某個人一起度過某段時光就會在某個地方留下痕跡。如果那個人沒能一起走下去，這個痕跡就會變成一種疤。

你在我的人生裡留下了疤，我想方設法去覆蓋它，用新的相遇、新的回憶，塗塗抹抹、反覆擦拭。就算已經淡到幾乎要看不見，但我就是知道疤在那裡，沒有消失。

最後

說不定我們再也不會見面了，所以你現在說的話對我來說
跟遺言沒什麼兩樣。

一段關係的最後一句話通常會是什麼呢？
「希望你過得好，對不起。」
「我會想念你。」
「要照顧好自己。」
「謝謝你給過我的一切。」
或是
「我不想見到你。」

「沒什麼好說的。」
「希望你可以從此消失在我的生活中。」
「我好累了。」
「我不要了。」
還有
(已讀)

盡情哭泣吧

我決定從一個不輕易流淚的人，變成一個傷心就盡情哭泣的人。

勇敢的人不是不會受傷，而是願意承認受傷、然後慢慢療癒自己。我已經盡我所能地承認我受傷了，但我還是覺得自己一點都不勇敢。

我想變成沒受過傷時那麼好的人，但是再怎麼努力都想不起來，那時候的我是怎麼看待人生的了。

Chapter 3

不快樂也不悲傷的日子

離開之後，發現自己還是活得好好的。
就算心上缺了一角，還是活得好好的。

平凡好嗎？

「你最近過得好嗎？」

每次被這樣問的時候，我都要絞盡腦汁想我最近到底有沒有什麼好或不好的事情可以拿出來講。

「就，很平凡啊。」

然後每次都是差不多的答案。

平凡好嗎？我曾經也以為我會過上很豐富精彩的人生，因為從小身邊的大人們都是這樣看待我。我有很多興趣、很多想法、行動力高，我特別喜歡畫畫，喜歡做設計，大家都覺得我以後會成為藝術家。

但是我目前就是個平凡的上班族，過著朝九晚五的生活，而且喜歡這樣的生活。

我仍然喜歡畫畫、有很多興趣、每天都做了多事，但是這些事在我規律的日常中，都變成小小的、淡淡的一個記號，只有我自己看得見。遠遠看的話，我就是個平凡的人，看不出跟別人之間有什麼區別。這讓我感到安心，我做的每件事情都不會特別被評價、不會被放大檢視、不被稱讚也不被批評。像是動態頁面的某則貼文，滑過去就過去了，這樣真好。

當平凡走到了日常，乏善可陳，但是難能可貴。

這樣的平凡，真好。

我找到了對我來說比快樂更重要的事：

平靜

比快樂更重要的事

我很久沒有大哭了。上次哭可能是因為家裡出現蟑螂，我已經很久沒有因為負面情緒而眼淚潰堤。

我記得跟陳居米交往半年左右時，有次我回家在爸爸車上他對我說：「妳最近皮膚很好耶，容光煥發的。」

「是嗎？可能是因為最近心情很好吧！」

「我覺得是，妳這次談的戀愛讓妳情緒一直都很穩定，所以就沒有再長痘痘了。」

「對耶，我好久沒有長痘痘了！」

我以前皮膚很差，臉上都是痘痘、粉刺和痘疤，明明一直維持著早睡早起的作息，每天都喝很多水、不常吃宵夜也不常化妝，但是皮膚總是坑坑巴巴。那時候，我不知道不快樂會影響到一個人的外表。我不知道原來我曾經那麼不快樂，但是我的身體好像知道。我那時候還會天馬行空地想著：要是能讓我的皮膚變好，我願意用五年的壽命換。

沒想到才一年不到，皮膚就變好了。我找到了對我來說比快樂更重要的事：平靜。

比起遇見一個擅長逗我開心、帶給我快樂的人，我更需要的是一個讓我待在他身邊時能感到安心的人。不會因為他而感到大喜大悲、總是讓我經歷太強烈的幸福或悲傷的人。我不要再轟轟烈烈地去愛一個人了，那樣璀璨短暫的感情會摧毀我。我要一個平凡雋永的人，我們慢慢地、慢慢地走到以後。

我要的感情必須是細水長流。

不說謊

我不說謊。再小的謊都不說。

這件事是長大才決定的，因為說謊騙的不只是別人，常常連自己都忘記真實是什麼。例如：如果我很難過，我就不會跟任何人說「我沒事」。我知道有些難過放著不去解決的話，就會變成反覆發作的舊疾。

喜歡誰的時候不能騙自己不喜歡。

想念誰的時候不能假裝自己已經遺忘。

渴望的事如果裝作不在乎，機會就會擦身而過。

我寧願避而不答也不會捏造不存在的答案給對方。就算很麻煩，也不允許自己不經思考就說謊，即使那個謊毫無惡意。誠實已經是為人處世的最短路徑，還是想要抄近路的話，只能說，近路的盡頭往往都偏離原本的方向。

人如果有了方便的路可以走，就會放棄思考真正重要的事。

人生中的痛苦經常來自於對自己不夠誠實。我不想要痛苦，所以要對自己很誠實。

活著

活下去。

我每年都會在新的手帳上寫下這句話。每一個春夏秋冬過去，我都會驚嘆自己又好好地走過了這一年啊，真神奇。

會這樣說，並不是我不想活了，而是對於活著這件事一直沒什麼自信。就好像要上台演講的人，總會擔心自己表現得不夠好。

認真工作、讀書、進修、賺錢，充實的一天是一天。賴床、滑手機、放空、無所事事，懶散的一天也是一天。有時候我會覺得，活著根本就沒有分什麼表現好不好，因為表現好的人一天沒有比較長，要經歷的痛苦也沒有比較少。可是我還是好想表現好，如果不表現好我好像就會被淘汰。

然後不知不覺，每一個新年，我都做到了去年寫下的事，活下去。

活著就是一件好事。

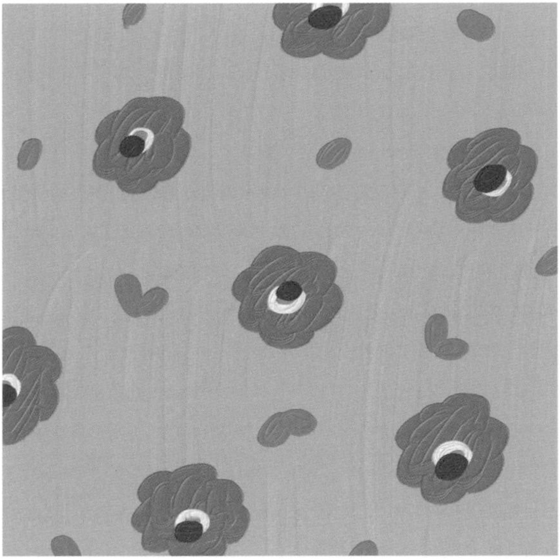

不要期望奇蹟會發生，

而是要好好地生活。

不要期望

我覺得人的本質是不會改變的。會加入新的習慣、新的價值觀，但是內在原本的東西不會改變。

在活著的過程裡，擁有了越來越多的想法、觀點，變成一個越來越複雜的人。但是本質不會改變。如果有什麼東西你原本有、但是後來沒有了，那麼它大概不是真正屬於你。如果有什麼東西你原本沒有、但是後來有了，那它一定是花費了很多時間或事件才進入你的性格裡面。

所以我從不期待別人改變，也不覺得自己會因為努力而獲得多少改變。這些期望對我來說是贏面非常小的賭局，所以我通常選擇不期望。就算為相同的事吵過再多次、再激烈，也很難保證下一次這件事就不會再出現。就算這一次嘗到了刻骨的教訓、再懊悔、再遺憾，也不代表下次就能得到想要的。

所以，不要期望奇蹟會發生，而是要好好地生活。好好地相信此刻的決定，不管能不能去到更好的地方，都要過好這一刻。

兩人三腳

一個人維持不了兩個人的關係。

那種「我放手的話就什麼都沒了」的關係，就算你不放手也會消失。

兩人三腳這個項目，只有兩個人都邁開步伐的時候，才有辦法前進。

而且要用差不多的速度、踏出差不多的距離，才能好好地前進。

我覺得愛就是把自己的一隻腳、跟對方的一隻腳碰在一起，嘗試互相配合，再一起去到某個地方。

兩人三腳本來就是很難的事，遇到一個跟你有著差不多頻率的人更是。所以沒能走好過去任何一場兩人三腳不是誰的錯。

請你原諒自己。

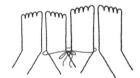

離去

如果有一天，重要的人離開我了，我希望他永遠都不要出現在我的夢裡。

普通重要的人，我會花一些時間去淡忘。

中等重要的人，我會在重要的時候想起他。

非常重要的人，我要用一輩子去記得我們在一起的每個瞬間。

我已經想好怎麼面對所有人的離去，所以不要擅自出現在我的夢裡，讓我感覺像回到過去、或是去到了根本不存在的未來。我的意思是，如果夢醒了，發現夢只是夢的話，會讓活著這件事變得越來越困難，所以不可以。

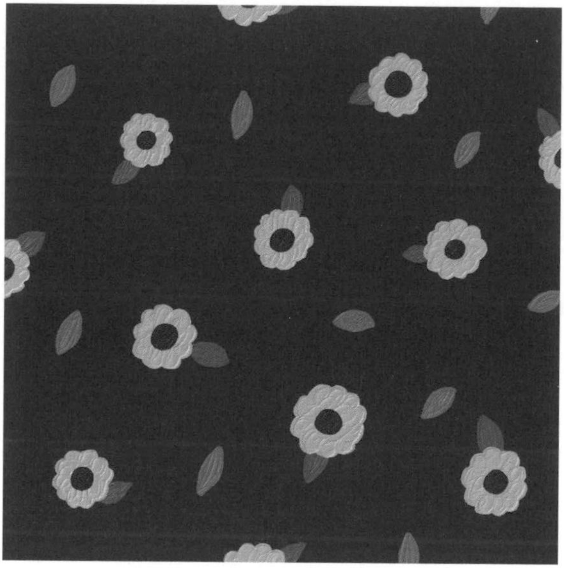

請你不要再回到我的夢裡了。

遺留下的缺憾，終究不能被期待。

該怎麼面對遺憾呢？

心底大約知道「這不會好了」，某處卻偷偷期待著，我有機會去圓滿那些沒能做完的事；或許我們會在哪相遇，你心裡也剛好還有我的位置，我們重新聯絡、重新怦然心動、重新了解彼此，再把那些說好要去但沒能去的、說好要做但沒能做到的「關於我們」的故事寫完。

分開那時候說的：「妳對我來說一直都是很重要的人，以前是、以後也會是。」這句話還有效嗎？我還是很重要的人嗎？反覆思忖之後我可能是真的沒有勇氣去見你、又沒有底氣能放下過去，才放任這些想法在腦中逃竄。我不喜歡這些想法，可是又忍不住地去想。

不過，現實是這些都不會發生，所以遺憾只會越來越深、越來越深。

重心

太過在乎一件事，就是在折磨自己。

例如，擁有就代表了失去的可能性，渴望就代表了失望的可能性，追求就代表了失敗的可能性。重視的事會變成弱點，重心放在哪，就會從哪裡墜落，我一直這麼不安地活著。小心翼翼地愛人、慢慢地建立關係、擁有的時候會害怕、幸福的時候會告訴自己「要冷靜一點」。不能盡情享受也沒關係，我不希望自己成為容易受傷的人。

活著的重心要是自己腳下踩的地方才行，不能是別人說的話、也不能是我愛的人愛不愛我這樣的事。要專注在自己能控制的事情上，要把只有別人才能決定的事情努力地看淡。

我每天都這樣提醒自己。看淡一點、再淡一點。

最想要的願望

有時候陳居米會一個人回台中，然後我就要在台北自己度過某個夜晚。

我是一個非常喜歡獨處的人，有了一個人的時間和空間會感到很開心，可以安靜看書不被打擾、碗沒洗也不會被唸、衣服沒有翻到正面也沒關係、也不會一直有人跑來問我要不要跟他結婚。

但是隨著交往時間越來越長，我發現他出遠門（要過夜的那種）的時候，我會越來越不安。

我跑去跟阿綸說，阿綸問我：「為什麼？」

「我怕他在我不在身邊的時候出車禍或遇到什麼意外，好可怕。」

「妳以前都不會這樣耶，妳以前要是得到 me time，都會超級開心的說。」

「對啊，可能是因為我養貓了，突然理解了愛是什麼，所以變得擔心東擔心西。」

「妳不知不覺就變成了情感比我還要豐富的人耶，以前的妳感覺什麼都不在乎，好像隨時都可以去很遠的地方一樣。」

「我的人生中好像第一次出現了『誰真的很重要』、還有『我不想離開誰』之類的想法。」

小時候的生日願望都是什麼想要一百捲紙膠帶啊、一百本漫畫啊、一年出國一百次之類的。聽到別人說希望健康平安會覺得他在浪費生日願望。

但是長大之後，尤其是有了星期五之後，我每次有機會許願，都會誠摯地希望我愛的人們都能健康平安。這是比什麼都還強烈的願望。

我要好好地注視我決定要去的地方。

放棄

「我喜歡放棄。」放棄自己得不到的、放棄羨慕和嫉妒、放棄成為怎樣怎樣的人。

「擁有的不多，就會變得自由吧。」我這麼想著，然後不斷地練習放棄。

盡量客觀地看待自己的目標和能力。盡力做但是不勉強，如果不能兼顧所有就丟掉手上的一些東西，我覺得要維持在某個狀態才有辦法前進，如果超過負重就會寸步難行。

「但不是隨便就選擇放棄。」要做到問心無愧、或至少沒有遺憾的時候，再停下來。要有點努力，才有資格選擇放棄。

要對自己負責、要有備案。不能一直兩手空空或是茫然地在原地徘徊，不能變成無所事事的人。

「放棄之後就不要回頭看。」沒被選擇的，都已經與我無關。我要好好地注視我決定要去的地方。

「眼前、此刻、當下。」我試著去喜歡這些詞；「遺憾、過往、回憶。」我也試著放下這些詞。

髮圈

我們之間變得像鬆了的髮圈，三圈太鬆、四圈又太緊。「有點壞掉但還沒完全壞掉的髮圈要丟嗎？」如果這是別人的事我一定會果斷地說「丟丟丟」。但若是自己的事，又變得猶豫不決。

我一直用這個鬆了的髮圈綁著頭髮，有時候三圈、有時候四圈。太鬆的時候頭髮一直滑出來、我會撐一段時間才重新綁一次；太緊的時候頭皮會有點疼，我會忍一段時間再拆開髮圈。我以為我會習慣這樣的生活。但儘管將就著用那個有點壞掉的髮圈，我卻發現我越來越討厭它。

有一天突然就決定要把它丟了。不三不四的我們，不如完整的一個我。

我想要喜歡我的人很喜歡我

「我早就放棄成為一個很棒的人了，我更渴望充滿瑕疵卻依然能感到快樂的人生。」

我不想被很多人喜歡，我想要喜歡我的人很喜歡我。世界不大，能想念的人不多，留下來的每個人都很真誠、很重要。

我會定期把通訊錄裡不再聯絡的人刪除。也會解除沒有交集的人的 Facebook 和 Instagram 好友。就像我會認真地把某些 Youtube 首頁推薦給我的影片按下「不感興趣」。我每天都很認真在篩選我接觸到的人事物，希望生活中可以充滿喜歡的東西。

單調的日子也可以過得很快樂，就算每天都在做差不多的事，還是能從中體會到幸福。成就小小的也沒關係，比昨天還要進步就開心、比昨天退步就告訴自己「沒關係，再試一次」。

沒有夢想的人也可以過得很充實，想耍廢的時候就耍廢、想努力的時候可以很努力。就算遇到了挫折，也可以拍拍灰塵就站起來，很難過的話就大哭一場，然後再找回平靜。

我決定要這樣活著。

我更渴望充滿瑕疵卻依然能感到快樂的人生。

我不喜歡跟人接觸

大三升大四的暑假，我抱著「找點事做打發時間」的心情去路易莎打工。這是我第一次做需要面對人群的工作。要先從製作餐點開始學，三明治、漢堡、口袋餅、甜點，要怎麼抹醬、要怎麼組裝。然後是背下菜單上所有飲品的代號，咖啡、茶、奶、特調、冰沙等等各式各樣的組合。工作內容繁複但是有趣，我很喜歡在路易莎工作的日子。

但是在一開始，我碰到了很大的難題，那就是店長說如果有客人進門的時候要大聲地說「哈囉你好！」有客人離開的時候也要大聲地說「謝謝掰掰！」我很少主動跟陌生人打招呼，何況是一天好幾十個陌生人。我一開始都偷偷地在同事後面小聲地說「你好～」、「掰掰～」，但是後來被發現了，店長有一天跟我說：「Lulu 妳打招呼的時候要大聲一點喔，要有活力！」後來我練習了好幾次，每次有客人進來時我都會猶豫好幾秒要怎麼開口、用什麼樣的音量好。等我做好準備要說的時候，客人已經走到我面前準備要點餐了。就算有幾次成功了，打完招呼的那一刻我的臉就會漲得通紅，手心還會開始冒汗，我覺得好彆扭。

大概過了一個多月，我才能夠自然而然地對進出店門的客人打招呼。

不喜歡跟人接觸、害怕跟新的人建立任何形式的連結、不想被記得，我一直都是這樣生活的。

每過一段時間，就會去整理社群媒體上的追蹤人數，如果是以後不會再見面的人，就算過去有點交情，我也會解除好友關係。如果是一面之緣的關係，那對我來說就跟從沒遇見過是一樣的。我不想知道太多人現在過得怎樣麼樣、也不想被太多人知道我現在過得怎麼樣。如果可以，我不想被太多人記得，因為每個時期的自己都有太多不堪的一面。我不喜歡活著就一定會留下痕跡這件事。

有次我跟朋友們一起在Google上搜尋彼此的名字，出現了某個人高中時候打籃球的影片，或是某個人國小出演校園舞台劇的照片，也有那種國中時期拍的、有著厚厚瀏海的復古風自拍照。只要輸入名字，就出現了好多好多那個人一生經歷過的事情。但是大家搜尋我的名字時，什麼也沒出現。都是一些同名同姓的其他人的故事，沒有我的。我也不知道為什麼。可能我經歷過的事情真的很少，或是剛好都沒有被記錄下來；或是被記下來、但是沒有提到我的名字。

其實，在大家按下Enter鍵卻什麼內容都沒有出現的時候，我覺得好安心。

黃昏

我不喜歡在黃昏的時候通勤。

因為夕陽總是給我一種要帶走誰或帶走什麼事的感覺，而我被困在交通工具上哪也不能去。

放棄和忘記是兩回事，就算下定決心要走出某件事、跨出了前腳，後腳能不能從泥濘中抽出來，好像不是自己能決定的事。我已經放棄變成一個完整的人了，我不期待自己能夠找回完整是一種什麼感覺，但是我不要再變得更破碎。

黃昏的時候，那些泥濘、碎片、下定決心，全部都會攪在一起，一起湧上心頭。

所以我才不喜歡黃昏這種不明不白的時間。

不明不白的事情都是不好的，隨便都會打亂我本來決定好的心意。

夢境

那些很甜美的念頭，都在遇見你之後消失得無影無蹤。我想跟我喜歡的人一起去看海，我以為所有愛侶都會這樣渡過夏天。但是我們之間沒有海，我們沒能一起去到任何地方。

我一直等著你說願意出發的一刻，但後來還是沒能等到。所以我決定先走了。

誰都沒料到是我決定先走了。

我覺得單方面的善意是一種惡。就連善良這種東西，都要兩情相悅才會美麗。好的形容詞不是套用到誰身上都會好，所以我愛你這件事，可能只有在我心中才是美好的事。我以為你總有一天會看見，可是後來，你是在我跟你道別的時候，你才告訴我你一直都知道，你也覺得很美好，只是你從來都沒有說過。

我們沒能一起去到任何地方。

我一直都是一個會每天做夢的人，只要有睡覺就會做夢，趴在桌上小睡十分鐘也會做夢。有一陣子我每天一醒來就會記錄自己的夢境。大部分都是很多毫無邏輯的荒謬劇情，像是一群人一起在一座森林裡爬梯子；或是在我從小長大的小鎮上有個面具殺人魔騎著腳踏車唱著歌。但是總會有一些真實參雜在其中，像是爬梯子的其中一個人是你；或是拉著我躲過面具殺人魔的是你。

兩個月之後，我就把所有的做夢日記都刪除了。因為我發現你經常出現，戲份有時候多有時候少，但是你沒出現的日子遠遠少過你有出現的日子。以前沒紀錄的時候都不知道，原來潛意識這麼誠實，讓想念的人用各種樣子出現在腦海裡。我還沒準備好這麼誠實地面對自己，所以我不再記錄夢境。再讓我逃避一下吧，我想要醒來就忘記。

就連善良這種東西，
都要兩情相悅才會美麗。

太靠近

我討厭把多愁善感形於色的人。感受到他人比較深處的情緒這件事會讓我有些尷尬。

我不知道我會不會說錯話，也不知道能不能正確地安慰到對方。所以我很少成為誰談心的對象，無法敞開心門的人大概不適合被任何人迎進他的心門。

但其實我自己也是個多愁善感的人，我會寫很多毫無邏輯的形容詞只為了記錄下某一刻的感受。我會放大悲傷、也會放大憤怒，會胡思亂想，假設很多難過的事發生在自己身上會怎樣。但是這些想法，我都只會放在心裡想，或是一個人的時候再想。我不要自己的情緒變化被人察覺。

我不喜歡太靠近別人，也害怕有人太靠近我。總覺得親近的人總要交換些什麼，但是我什麼都不想說。我覺得這樣沒有不好，人與人之間保持在一定的距離才最美。看得到對方的表情，但是不用看見對方的心。這樣說話的時候就不會太難拿捏，傾聽的時候也不用努力想著要給出有用的回應，可以就只是靜靜地聽或是稍微附和一下，對話就會順利劃上句點。保持點距離的關係比較美麗。

無法敞開心門的人

大概不適合被任何人迎進他的心門。

點

有次跟朋友聊天，「我有時候會覺得自己很多餘。」他毫不掩飾地說著。

「某些超過三個人聚在一起的場合裡，我常常會覺得自己在不知不覺中變小、變小、變成一個小小的點。儘管我賣力地嘗試聽懂大家說的話，但有時候還是會中途跟丟。」

「我不是沒有努力去融入大家，只是那種努力是有極限的你懂嗎？」

我點點頭。與人交往從來就不是一件輕鬆的事。我明白有些稀鬆平常的事情對某些人來說會特別困難，因為我也有這樣的事情。我們各自懷揣著這份自卑互相依偎。

大學的時候每次期末總評完，大家都會約去夜唱，從晚上十一點到隔天凌晨五六點。因為平常我幾乎拒絕了所有這樣的邀約，所以一年一次的夜唱我通常會出席。雖說會出席，但也是存在感極低的那種，幾乎不會唱什麼歌，而且每次都會在凌晨兩三點的時候不小心睡著。睡醒的時候也差不多要散場了。我覺得這就是我努力的極限。

每次看著大家只因為「聚在一起」就感到開心，有永遠說不完的一個接著一個的話題、一杯接一杯的酒、一攤接一攤的局，我就覺得，這世界上的人可以分成兩種：一種人可以透過社交獲得能量，另一種人需要透過減少社交才能補充能量。

我很明顯地知道自己是後者，因為就算跟朋友待在一起時的過程很開心，結束後也會感到疲憊。如果是自己待在房間看漫畫一整天就不會。

小時候會因為跟朋友出去玩一整天要分開了而依依不捨；

長大後相約吃頓飯結束，如果還有下一個行程反而會猶豫一下要去嗎。

要拿捏好適合自己的社交量真難，如果總是一個人待著，就會懷疑自己是不是不被喜歡；如果一直跟朋友約出去，又會覺得自己都沒有休息到，然後在很多人的地方感覺到自己正在縮小。

真的好難喔。

專屬

一個人有可能同時喜歡兩個人嗎？（差不多程度的那種喜歡）

一顆心有可能同時在乎兩件差不多的事情嗎？（沒有比較在乎哪一個，而是同樣地重視）

如果有一個人說他同時愛著兩個人的話，我會覺得那其實兩個人他都不愛。

我覺得所謂的愛只有在專屬於誰的時候才是愛。

只有專屬於誰的時候，

才稱得上愛。

再見

我常常在想，「道別」這件事是要綿長一點好，還是短暫一點好呢？

你只是經過我的人，但我卻一直沒能繼續前進。我們早就道別了，你也早就走了，但我的生活裡你卻從來沒有離開過。

你說過的話、我們一起去過的地方、我們沒能一起去的地方。到處都有你的影子，日子早就回不去了，可是你還是在那裡。

我的每一寸皮膚裡、每一處傷心裡。

牆上、書上、日記裡。

都是你。

Chapter 4

平凡的日子

每個人都有過去，過去重視的事物和深深影響著你的人。

上一段感情、上一次流淚、上一次心動、上一次撕心裂肺的悲傷。

這些都沒關係，我可以理解，因為我也有過。

但此刻你必須最愛我，因為在我們面前的是彼此啊。

他在交友軟體上顯示的名字是陳。然後自我介紹只寫了三個數字：183。

他放了不少照片，但我後來才知道，他放的照片有修圖過，他把方形的臉修成像韓星一樣的鵝蛋臉。

我的狀況就更沒誠意了，我只放了一張套了濾鏡的自拍照，然後沒有自我介紹。

「嗨！」

「嗨！」

「妳在幹嘛？」

「看哈利波特。」

「我在星巴克寫報告。」

「是喔，哪裡的星巴克？」

「我學校附近的。」

「那可能離我打工的地方很近耶，我在你學校附近的路易莎打工。」

「妳住附近嗎？」

「沒有，我住在同一條捷運線上的隔幾站。」

「我也是耶，妳住哪站？」

「中山國小。」

「……我也住中山國小，太巧了吧！」

「對耶，哈哈哈！」

然後我們就約好，隔天我打工結束後我們一起搭捷運回家。

「沒想到妳的刺青這麼多。」這是他對我說的第一句話。

「可是我記得我在交友軟體上的照片有拍到啊！」

「那個只拍到一點點，沒想到手上還有這麼多。」

「跟我很不搭嗎？」

「好像也不會，只是妳的臉看起來乖乖的，有點意外而已。」

「我就算有很多刺青也是乖乖的人啊，哈哈！」

我們約在捷運出口見面，一起搭了三站捷運，在家附近的麥當勞吃了冰炫風然後各自回家。平凡無奇的第一次見面。之後我們時常聊天、有時候也約出去見面，就像大部分的交友軟體相遇那樣。從線上到線下，我們漸漸走入彼此的生活。

我可能有想過我們會在一起，但是那段日子更多的感覺是在不在一起都沒差，因為待在一起的時候覺得很快樂，這樣就足夠了。

然後我也發現，我好像是那種在真正開始交往之前，會很吝嗇給予心意的人。如果沒有在一起，我就沒辦法喜歡你。我想要當贏個那個人，所以你要先喜歡我，我才要開始喜歡你，你喜歡我是我喜歡你的必要因素之一。

阿綸說：「這樣很好，這樣妳永遠都不會暈船，也比較不容易受傷。」

有次我們約去逛饒河夜市，在河堤邊散步吃東西，走著走著陳突然對我說：「妳覺得……嗯……就是……妳覺得……妳願意……就是……當我女朋友嗎？」

這種沒有一氣呵成的口吻讓我覺得這不是告白是試探，「我要想想。」我這樣回答，但其實我還沒想好我要想什麼。他看起來也不失望，因為我們之間好像沒有學生時代的臉紅心跳，也沒有那種非彼此不可的轟轟烈烈。我只是覺得，跟這個人在一起的時候，很能做自己，很自在、很開心。

之後的幾天，我都在「想想」。但是實在不知道要想什麼，因為陳很平凡，我之前可能沒遇過這種平凡的人。普通的家庭、普通的學歷、普通的生活作息。喜歡的東西很普通、講出來的話也很普通，想來想去都覺得沒什麼好想的，跟他在一起，我大概會過著很普通的生活吧，我這麼想。

一週後，我答應了，我說：「好。」

他看起來不像少女漫畫中的告白成功那樣欣喜若狂，只是滿臉笑意地說著：「好耶～太好了！」

陳居米

陳後來，變成了陳居米。因為他的英文名字是Jimmy。陳居米很喜歡這個英文名字，他說是他阿姨幫他取的。

陳居米小時候改過名字，因為算命老師跟他說他的名字裡面有一個「ㄇㄧㄣˇ」所以才會一直過敏，改完名字之後真的就比較少過敏了。

他會用很多親暱的稱呼叫我，像是「小lu」、「寶貝」、「老婆」。但是我只會叫他「陳居米」。所有其他的稱呼都會讓我覺得有點彆扭，就像我不常說我愛你一樣，我也不太擅長親暱地稱呼任何人，即使是我非常親近的人。

後來陳居米把自己的 Instagram 名稱從「陳」改成了「陳居米」。他說他很喜歡，就像喜歡他阿姨幫他取的英文名字一樣喜歡。喜歡重要的人給了他一個新的稱呼。

陳居米和 Lulu，這兩個名字，從此連在了一起。

剛開始交往的那段時間，我們每天睡前都會玩真心話大冒險，一人五次，問對方問題或是要對方做一件事。其中我印象最深刻的一題是陳居米問我：「妳覺得，妳會在什麼樣的情況下選擇離開我？」

「如果有一天，你必須在一件很重要的事跟我之間做選擇，而這個選擇讓你猶豫的時候，我可能會選擇離開。」

「就算我絕對會選妳，妳也有可能會離開嗎？」

「如果你絕對會選我，我就不會感覺到你的猶豫了對吧。所以如果我看見了你的猶豫，我可能就會選擇離開。」

「對耶，這好難喔！不過我覺得那一天不會到來。」

「我也覺得，我們的生活這麼無聊，根本沒什麼重要的選擇要選。」

只有我偷偷地知道，我的每個念頭都是在幫自己打預防針。如果有一天我可能會成為不被選擇的那一方，那就要趕快先離開，不要成為被遺棄的那一個。

陳居米是一個很喜歡問別人意見的人。

他研究所畢業要找工作那陣子，每天晚上都會跟好多人講電話，每一通電話都會講很久，問對方他待的產業怎麼樣、待遇怎麼樣、前景怎麼樣、有什麼建議。問一個人不夠，他至少要問五個。問還不夠，就算他做出決定了，他會回頭再去跟那五個人確認：「我的決定應該還行齁？」

這方面我就很相反，我遇到任何事都喜歡自己一個人做決定，我喜歡自己想一想，然後偷偷地做出選擇，等到事情差不多有一個結果之後，再用不會太慎重的方式告訴身邊的人。我喜歡自己去理解、去選擇、去面對結果。

在情緒方面也是差不多。他的喜怒哀樂會即時表現在他的臉上、言語中、行為裡。但別人感受到的我的情緒，都是經過消化的。生氣的事也好、興奮的事也好，我都會好好想過一遍前因後果和未來的可能性，再平靜地告訴身邊的人。

在遇見陳居米之前，我都沒有思考過人是怎麼處理自己的情緒的，我以為大家都會先「自己想一想」再決定「怎麼表現出來」。看見陳居米之後我才知道有的人是「先表現出來」，再看看需不需要「自己想一想」。

於是我們互補了對方的情緒抒發方式，他看見我臉上的一絲陰鬱，就會走到我身邊說：「如果妳需要的話，可以跟我說，說什麼都可以喔！」儘管我不一定能好好表達出自己的思緒，但這樣的陪伴總是能讓人安心許多。

「如果你需要的話，可以跟我說，說什麼都可以喔。」

跟你在一起感覺特別好。

愛？

某個炎熱的午後我們一起走路去市場買水果，他伸手想要牽我，我把他的手撥到一邊說：「好熱喔，不要牽手。」

陳居米突然很真摯地看著我說：「能跟妳交往真是太好了。」

「哪裡好？」

「妳全身上下都很好，跟妳在一起感覺特別好。」

「有講跟沒講一樣。」我這樣說著，但其實我懂。

跟你在一起感覺特別好，就算我們無所事事。

相比於他，我是一個不善於表達「愛」的人。「我愛你」這三個字，他一天大概會說十次，我可能兩三年都不見得說過一次。說愛對我來說是很困難的事。

不是因為我不愛他，而是不習慣、覺得彆扭。這句話從我口中被聽見地說出，會讓我有點緊張。但是「我喜歡你」我就能自在地說出來，可以說五次也臉不紅氣不喘。

喜歡和愛，份量差太多導致我不知道我有沒有資格說出口。我足夠愛嗎？我所給予的是愛嗎？這樣是愛了嗎？這樣可以稱為愛了嗎？

每次想到這個問題就會變得沒完沒了。因為生活還沒過完，愛就一直沒有答案。可是我知道在一起的每一天，都感到很安心，你不會走、我不會離開的那種安心。我知道明天會跟今天一樣是平凡又幸福的一天，後天也差不多。就算某天遇到了什麼不好的事，都會因為回到你身邊而讓那天又變得普通。

撫平一切焦慮和悲傷的你，看著你就變得平靜，這樣的感情是愛嗎？

也許是吧。

我沒錯

上週我們吵架了，因為陳居米加班到很晚，他回家的時候發現我沒有幫他做家事，於是生氣地跟我說：「妳明明就知道我要加班到很晚，妳應該幫我分擔一點家事！」

「我不要！我就是討厭做家事！你要是很累的話可以明天再做啊，或是週末再做嘛！」

「不行！家事要是沒做，家裡就會很髒！我們不能讓生活的地方變得很髒！」

「可是我也很忙啊！我下班回家還要煮飯、吃飯、畫畫，然後還去游泳！」

你一來我一去的，我們吵得不可開交，越來越大聲、越來越激動，我生氣跑到二樓床上躺著滑手機，我決定要開始冷漠應對。結果就聽到他在樓下說：「妳要是真的覺得妳沒錯，就大聲地說『我沒錯』，這樣我以後就絕對不會再叫妳做家事，也不會因為妳家事做不好唸妳！」

於是我立刻大喊「我！沒！錯！」

陳居米陷入一陣沉默。

「妳真的覺得妳一點錯都沒有嗎？妳覺得這樣合理嗎？」

「很合理啊！如果我說我沒錯，我以後就都不會再被唸了，那我一定要沒錯才行。」

後來我就在床上睡著了，朦朧中聽到他收拾廚房的聲音，我覺得我又打贏了一仗。

我們開始同居之後，經常為了做家事的問題吵架。因為陳居米非常愛乾淨，對所有家事都有高度的要求。而我其實沒有不愛乾淨，只是我的標準比較普通。

- 丟進洗衣籃的髒衣服，要翻到正面摺疊好，不能亂扔。
（我：都要丟進洗衣機攪了，為什麼要摺好？）
- 晾衣服時要把衣服面向同一側、再按照深淺顏色排序。
（我：就算不排好也晾得乾啊！）
- 洗完等待晾乾的碗盤餐具，要按照大小和種類排列好。
（我：等乾了要收進櫥櫃的時候再好好排就好了啊！）
- 每天要吸五到六次地板。
（我：反正都會弄髒、貓咪們也會一直掉毛，不能減少到兩次就好嗎？）

直到我第一次跟他回台中老家，才發現，這股高要求和整潔習慣，是流在血液裡的。他們家很像飯店，一塵不染的那種，所有東西都放得整整齊齊，所有地方都沒有灰塵或頭髮，每一個物品都井然有序地存在於那個家中。

我從來沒有看過誰家裡長這樣。

其實剛開始同居的幾個月，我們的家事分工還是挺明確的：星期一三五日，他清貓砂；星期二四六換我。我負責摺衣服，他負責洗衣服。我負責洗碗，他負責吸地板。

但是後來一切都混亂了起來，因為我負責的事情他通通都不滿意。

「為什麼每次妳清完貓砂都會有一兩顆掉在外面？」他很生氣地說。

「可能是星期五她們弄的。」我移開眼神偷笑。

「妳剛剛清完貓砂後她們根本就沒有來上廁所好嗎？」然後他舉起貓砂鏟，「為什麼貓砂鏟完沒有噴酒精擦乾淨？」

「我的規則就是清完不用噴酒精，還有貓砂掉出去一兩顆也沒關係！你好煩喔！」

「妳不能什麼事都照著妳的規則來。」

「那你也不能什麼事都要求我做的跟你一樣好。」

「……好像也是？」

「如果你覺得我做得不好，可以你來做啊！」

看不下去的人做。我想這是所有同居情侶（夫婦）的家事準則。

陳居米就莫名其妙地開始星期一二三四五六日，都是他清貓砂。每天都清理得乾淨又俐落，沒有掉出來一兩顆的貓砂，沒有碎碎念，沒有誰覺得誰做得不夠好，也沒誰覺得誰要求太多。

一片祥和。

我們是彼此的因和果。

因果

我喜歡喜歡我的人。
我喜歡陳居米很大一部分是因為他喜歡我。
陳居米喜歡我可能也是因為我喜歡他。
我們是彼此的因和果。
自己的愛和對方的愛互相推進，我喜歡這種關係。
我們的情感流動是一台永動機。

歸屬感

陳居米每次下班回家一開門，看見我跟兩隻貓咪都會露出一個得到救贖的笑容說：「我好想你們。」

我以前都覺得他很小題大作，因為我們根本每天都住在一起啊，怎麼會每天都能那麼浮誇地說想我們。但是我後來漸漸懂了，關於歸屬感這件事。

就算在外面遇到了多糟糕的事，都會因為回到這個有人在等待你的家而得到治癒。

大學四年、剛搬到台北的那四年，每次到了晚上還待在外面的話，內心就會有一種很不安的感覺，好像不知道自己該回到哪裡。明明在台北住的也是自己家，卻很難產生歸屬感。

「我覺得歸屬感對我來說是，家裡有沒有人在想你、在等著你回來。」我對阿綸說。

「啊，難怪我大學四年都不會感到不安，就算我住的是學校宿舍，可是我有室友。而且他們每天都會關心我幾點回去。」

「我以前，回家的時候要自己開燈，不然整個房子都是黑黑的。」

不管我多喜歡獨處、多擅長一個人生活和旅行，內心大概還是害怕孤獨的。想要依靠著誰的心情，即使不常出現，也一直都存在心底。我一直以為自己擅長面對寂寞，但是說不定把堅強的外衣脫下之後，我比我想像中的軟弱很多。

後來養了星期五、遇見陳居米、再養了另一隻貓早安，這個家逐漸變成真正的家。就算在外面待到很晚，也不會覺得自己無處可去，不再覺得自己總在人海中漂泊了。

我想你們!!
?
?

越吵越好

遇見你之後我才知道，吵架分成兩種，一種會消耗掉愛、一種不會。過去談戀愛的時候，只要遇到激烈的爭吵，心裡就會默默地想：「大概……要分手了吧。」還在一起，但是已經看到了盡頭。

但是跟你吵架的時候，就是會有個底，知道我們再怎麼吵也就是那樣。生氣個三五天，然後你買了一些好吃的回家，我們就和好了。就算再怎麼生氣，也不會去懷疑這段關係的穩固程度。就算吵過夜，隔天上班的時候也不會心情不好，可以正常工作、正常生活，原來也有這樣的吵架。

有時候吵完架，我大概可以預料到，以後一定會再為了相同的事情爭吵。可是又覺得沒關係，下一次我應該不會這麼生氣了。也許我們看不慣對方的點，其實都已經默默地包容進去了。

我們對爭吵的共識是：「吵架就吵架、生氣就生氣，大吼大叫也沒關係。」我們只是定期輸出對生活的不滿給最親近的人，再互相接住彼此的沮喪而已。然後又會恩恩愛愛地迎接新的一天、回到平凡無奇的日常。

也許就像身邊朋友們說的，我們絕對算是經常吵架的情侶，但是一直都有「越吵越好」的趨勢。

清晰

「你愛我嗎？」

「愛～」

「很多嗎？」

「非常～非常～多～」

「你會愛我到什麼時候？」

「一輩子、永永、遠遠，妳明明就知道我要回答什麼，幹嘛每天都問啊？」

因為我想聽你說，好像每聽一次，愛就變得更清晰一些。

真理越辯越明，愛是越說越清晰。

絕招

對了，其實陳居米有一個可以叫得動我做家事的絕招，但是他自己可能不知道。

那就是，我非常喜歡玩小遊戲。如果他說：「妳現在去倒垃圾！」我八成會說：「不要！」但如果他改成說：「我們剪刀石頭布，輸的人去倒垃圾！」我一定會因為太想玩剪刀石頭布所以說「好」。如果我真的輸了，我也不會心不甘情不願，因為剪刀石頭布很好玩。

說到他叫不動我去做家事，讓我想到一句話，「為什麼每次我叫妳去做家事妳都不做？」我們每次吵架的開頭都是這個。

「我沒有不做，是打算等一下再做。我想要先去畫畫。」每次吵架的第二句通常就是這個。

「妳可以等一下再畫啊，妳先把衣服摺好！」

「不行，衣服我想留著等追劇的時候邊看邊摺。」

「那妳什麼時候要追劇？」

「畫畫完、運動完、洗澡完之後。」

「那不就是很久以後？」

「我遇見你之前，一直都是這麼久才摺衣服的喔！」

「……好吧。」

我知道是陳居米讓我贏的，但我還是贏了喔！

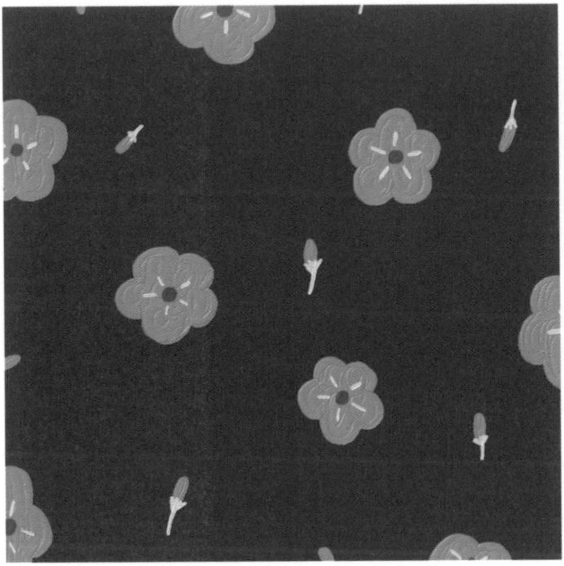

以前覺得很困難的事，

現在就像呼吸一樣稀鬆平常。

愛情的模樣

我跟陳居米都是屬於在關係裡會比較「愛自己」的人。優先考慮自己的感受、追求自己的理想，把自己的生活過好，再去經營和另一半的生活。所以從來不會有誰付出得多、誰付出得少的問題。

我們平日不常一起吃飯，因為飲食習慣不同，他喜歡吃便當、我喜歡自己煮；我們的睡覺時間也不太一樣，我每天大概十點多就睡了，他會打電動到十二點；我們起床的時間也不一樣，我早上六點就會去健身，他會睡到八點起床洗漱準備上班；我們喜歡看的電視節目也不一樣，他每天都在看籃球比賽，我喜歡看卡通和動漫。

相遇之後，沒有誰要去妥協誰，而是尊重對方的習慣，找到兩個人之間的平衡點。我想做的事，如果他不想做，不用硬是陪伴。他想去的地方，如果我剛好有事，他一個人去也沒問題。我們都是非常獨立的人，儘管不是時刻待在一起，只要能夠感覺到對方心裡有自己，就會感到非常安心。

能夠在關係中完全地做自己，是我一直努力追求的事。結果不知不覺就做到了，以前覺得很困難的事，現在就像呼吸一樣稀鬆平常。不知道是眼前的人對了、還是因為我長大了，說不定是兩件事同時發生才變這麼順利的。

我第一次看見愛情變了另一種模樣：從甜膩心動變成了自在安心。

幫個忙

我有事情想要麻煩陳居米的時候，會跟他說：「你可不可以幫我一個忙？」

「什麼忙？」

「你要先說可不可以，我才要說是什麼忙。」

「哪有人這樣的？那我不要幫。」

「好喔。」

「所以是什麼忙？」

「你又沒有要幫我，我幹嘛跟你說？」

「好嘛！我幫妳！妳告訴我是什麼忙？」

「幫我裝水。」

「……又上當了。」

陳居米每次都會因為太好奇我在想什麼而落入我的圈套。

有天晚上，他想用我的魔法對付我。

「Lulu 妳可不可以幫我一個忙？」

「不行喔。」

「蛤？為什麼不行？」

「因為你又沒說是什麼事，我當然要說不行。」

「可是妳不是這樣對我的耶！」

「沒關係，我不好奇你要我幫你什麼，你自己做吧。」

「哪有人這樣的？妳幫我收衣服好嗎？」

「不好～」

又勝一局。

不知道怎麼樣做才是對的，只知道現在的狀態不錯，

這個方向挺好，那就這樣下去吧。

我們的永遠

有一天下班，我久違地跟陳居米一起吃了晚餐。

「我們兩個的生活真的好不一樣喔，不同時間起床、不同時間入睡；不同時間上班、不同時間下班；吃午餐的時間不一樣、吃晚餐的時間也不一樣。那這樣我們還能很好嗎？」

「可以啊！我們不就很好地走到現在了嗎？」

「可能就是因為都不太一樣所以很好吧，哈哈哈！」

不一樣的地方，變成了可以分享的事情。保有個人空間的兩人關係讓一切都順利了起來。

可能比起無時無刻的相處，更需要知道自己有被對方放在心上。就算常常思考經營感情這件事，但一直都不知道怎麼樣做才是對的，只知道現在的狀態不錯，這個方向挺好，那就這樣下去吧。

平凡的日常能夠一直帶來幸福嗎？

感情這條路的目的地是這樣嗎？

他也喜歡這樣的生活嗎？

我會一直喜歡這樣的生活嗎？

找不到答案的時候專注當下，很多當下累積起來，就有了回憶和未來，回憶和未來再變成永遠。

永永遠遠，就這樣下去吧。

不浪漫的假設

在某個稀鬆平常的夜晚，我們在東門站附近吃完晚餐，要走去搭捷運的路上，某個等紅燈的路口，陳居米就問我：「我們以後結婚好嗎？」那時我們才交往不到三個月。

「蛤，可是我是不婚族耶。」

「我知道啊！但是交往一陣子之後，妳不會覺得結婚也不錯嗎？」

「我覺得現在這樣交往就不錯啊，幹嘛結婚？」

「妳再想想看嘛！我們現在這麼好，結婚之後一定會更好。」

「是喔……那我想想之後再跟你說。」

之後陳居米幾乎每一天都會跟我說他要跟我結婚，就這樣持續了三年多到現在。

我以前真的是不婚族，從國小開始就決定好不要結婚，可能是因為以前談的戀愛都滿傷心的，或是我一個人真的會玩得比較開心、太喜歡自由的感覺，所以害怕迎接任何改變。

但是遇見陳居米之後，我變成了「結不結婚都可以族」。因為他有一天很認真地跟我說：「我們要成為彼此出事的時候，能夠在手術同意書上簽名的人才行。」

很老套，但是很真實。然後我發現原來我會在意「自己可能因為身分沒有法律效力而失去眼前的人」這件事。因為意外隨時都有可能來臨，所以結婚比較好，陳居米就這樣說服我了。我好像、真的、可能會跟他結婚……我以前從來沒有想過這種事。

「那我先跟你說好，如果我生了很嚴重的病，每天都要打很多針或是吃很多藥、身體會很痛的話，妳要幫我簽放棄急救同意書喔！」

「我也是，如果是我生了很嚴重的病，你也要幫我簽喔！」

於是陳居米的求婚話題結束在一個很不浪漫的假設裡。

稀釋

陳居米每天早上出門前都會來抱抱我跟星期五。從同居後到現在的三年間，從不間斷。

就算我們睡覺的時間不同，他也會來房間陪我一小段時間，等我睡著後他再回客廳打電動。

他每天都會幫我把棉被摺好，他每天都會幫我把鞋子放回鞋櫃，他每天都會幫我擦乾浴室地板的水。

這些事，平凡到不能再平凡的小事，都讓我覺得愛就累積在這裡面。

不知道沒見面的時候，他想到的我通常是什麼表情呢？我想到的他，永遠都是因為看到我而露出燦爛笑容的他。

有一次我從健身房出來準備回家，他剛好下班回來在我後方剛停好車，他看見我，朝我奔過來，是那種認真跑步的狂奔。他氣喘吁吁地停下來，然後說：「我們好有默契喔！同時回家耶！」

我想到的他，就是那張朝著我狂奔的臉，堆滿幸福，只因為一件很小很小很小的事。

我也想成為這麼純粹的人。

遇見陳居米之後，他往我的人生倒入了好多好多的平凡，多到幾乎稀釋了我過去嘗過的所有悲傷。

愛一個人變成了理所當然的事，被愛也變成理所當然的事。就像做夢一樣。

其實，這本書的很多心情，在我寫第一本書的時候就經歷了，但是那時候我不敢寫出來，也還沒準備好面對自己壞掉過的地方。

十八歲到二十五歲，我好像變回一個隨處可見的普通人了。去計算生活中是快樂比較多還是悲傷比較多的時候，我能夠想都不想地回答：「不快樂也不悲傷的日子最多。」是這樣普通的一個人。

但是那些事情都沒有消失。好的事和不好的事，他們就這樣留在我的過去，不會好起來、但也不會變得更糟了。這幾年我不斷地去思考，過去發生的事情究竟留下什麼樣的影響在我的性格中，不斷地想、不斷地想，我還在找答案的路上。

我知道未來發生再多、再好的事情，它們都不可能成為人生中最美好的時光了。因為最美好的時光已經過去了，而我沒了和當時一樣超級快樂的能力。但這樣也沒有不好，每個階段都有每個階段的幸福，如果總是跟過去比較，我的未來就會變得毫無意義。我知道這樣是不對的。

說不定下一個七年，又會讓我原諒好多事。所以我靜靜的等著日子過去，平凡的、普通的每一天，都正在帶著我變成更靠近自己內心的人。

日日安、日日好。

當平凡走到了日常

作者——LuckyLuLu
主編——林巧涵
責任企劃——謝儀方
美術設計——LuckyLuLu
版面構成——林曉涵
校對——曾韻儒、謝馨慧

總編輯——梁芳春
董事長——趙政岷
出版者——時報文化出版企業股份有限公司
一〇八〇一九臺北市和平西路三段二四〇號七樓
發行專線——（〇二）二三〇六六八四二
讀者服務專線——〇八〇〇二三一七〇五
（〇二）二三〇四七一〇三
讀者服務傳真——（〇二）二三〇四六八五八
郵撥——一九三四四七二四　時報文化出版公司
信箱——一〇八九九臺北華江橋郵局第九九信箱
時報悅讀網——www.readingtimes.com.tw
電子郵件信箱——yoho@readingtimes.com.tw
法律顧問——理律法律事務所 陳長文律師、李念祖律師
印刷——勁達印刷有限公司
初版一刷——二〇二三年九月八日
初版五刷——二〇二三年十二月十四日
定價——新臺幣三六〇元

當平凡走到了日常/LuckyLuLu作. -- 初版. --
臺北市：時報文化出版企業股份有限公司,
2023.09

ISBN 978-626-374-290-1(平裝)

1.CST: 人生哲學 2.CST: 自我實現

191.9　　112014019

時報文化出版公司成立於 1975 年，並於 1999 年股票上櫃公開發行，
於 2008 年脫離中時集團非屬旺中，以「尊重智慧與創意的文化事業」為信念。
ISBN 978-626-374-290-1　Printed in Taiwan